GESTIONE DEL PROGETTO

Guidate il vostro team al successo in ogni progetto

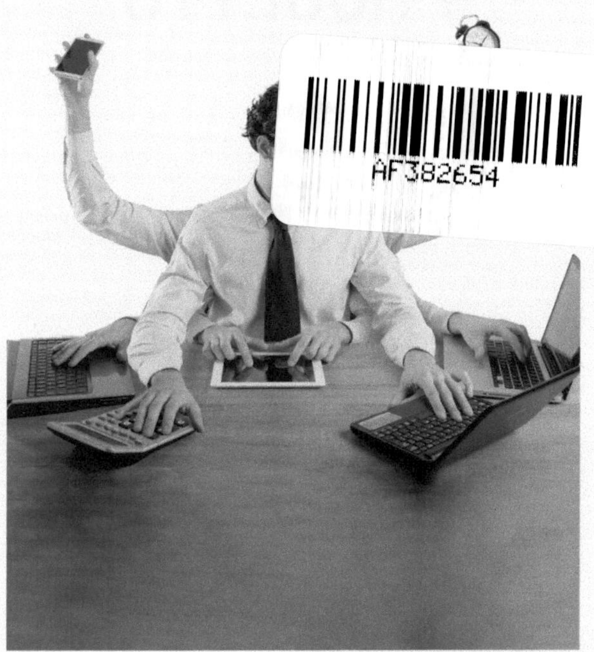

50MINUTES.com

GESTIONE DEL PROGETTO

Guidate il vostro team al successo in ogni progetto

scritto da Nicolas Zinque
tradotto par Sara Rossi

50MINUTES.com

GESTIONE DEL PROGETTO

- **Problemi?** Come preparare il vostro progetto e portarlo a termine con successo?

- **Perché è utile?** Portare a termine con successo progetti personali e professionali richiede molto rigore, ma soprattutto preparazione, seguendo regole precise.

- **Contesto professionale?** Gestione di progetti, management, sviluppo professionale, ecc.

- **FAQ?**

  - Il project manager ha ancora le stesse responsabilità?

  - Quanto tempo devo dedicare alle fasi di preparazione, implementazione e chiusura?

  - E se i requisiti finanziari o le scadenze sono troppo restrittivi?

  - È possibile gestire più progetti contemporaneamente?

  - Cosa succede se devo sostituire un project manager con poco preavviso?

  - Come delegare il lavoro?

Forse lo volevate o lo temevate: in ogni caso, la vostra nomina a project manager è appena avvenuta! Prima di tutto, congratulazioni, le vostre capacità sono state finalmente riconosciute. Ora dovete dimostrare che questa fiducia è meritata.

Ma la gestione dei progetti non si limita a un solo titolo. Tutti noi ci confrontiamo regolarmente con questo esercizio, sia nella vita privata che nel lavoro: organizzare le vacanze, riprogettare il giardino o pianificare il pasto delle vacanze. Nel corso della vostra carriera, probabilmente avete già partecipato a progetti e vi aspettate di poter sfruttare questa esperienza.

Tuttavia, essere un efficace project manager in un'azienda o per conto proprio è tutt'altro che semplice: si tratta di una sfida che, per quanto entusiasmante e appagante, è anche accompagnata da una forte pressione. In qualità di leader, sarete responsabili della pianificazione, del rispetto delle scadenze e dei budget e della guida delle persone. Dovrete rendere conto a clienti e committenti dell'andamento del progetto, indipendentemente dal risultato... Quindi è meglio che il risultato sia positivo.

Questa guida si rivolge a tutti gli aspiranti project manager e a coloro che cercano di migliorare le proprie capacità di gestione dei progetti. Può essere utile anche per le varie persone coinvolte nella realizzazione di un progetto: se la responsabilità è del project manager, il suo trionfo è quello dell'intero team. Quindi, adottate subito i giusti riflessi!

LE BASI DELLA GESTIONE PIANIFICATA DEI PROGETTI

I PRINCIPI DI BASE

Che cos'è un progetto?

La risposta può sembrare ovvia… eppure! Un progetto è un insieme di attività (o compiti) svolte per raggiungere gli obiettivi prefissati, entro i tempi stabiliti, utilizzando determinate risorse umane, materiali e finanziarie. Questa definizione evidenzia quindi le componenti fondamentali di un progetto:

- uno o più obiettivi precisi e specifici da raggiungere;

- un calendario da rispettare;

- risorse che comprendono un budget, un team e mezzi tecnici.

Sottolinea inoltre il suo aspetto effimero, perché anche se può durare diversi mesi o addirittura anni, ha sempre una durata specifica e limitata.

Che cos'è la gestione dei progetti?

I progetti non sono mai stati così studiati e analizzati come negli ultimi anni. Infatti, nella nostra società in cui le aziende sono in costante competizione, la gestione dei progetti deve essere il più accurata possibile per diventare leader di mercato. Si tratta di un approccio quasi scientifico, che corrisponde a un insieme di strumenti e metodi volti a migliorare la qualità del vostro progetto, a ottimizzare la sua realizzazione e le sue possibilità di successo. In concreto, la gestione dei progetti consente di:

- per pianificare e completare il progetto;

- aumentare le vostre prestazioni grazie a una maggiore efficienza nell'organizzazione e nella gestione dei compiti;

- valutare, anticipare e soprattutto superare le difficoltà e i rischi che possono presentarsi;

- adattarsi ai cambiamenti e agli eventi imprevisti;

- per gestire un team.

Il ruolo del project manager

Il leader è sia il cuore che la testa del progetto. Non è solo l'architetto che elabora i progetti, ma anche il capocantiere che dirige i lavori quotidianamente e guida la sua squadra. Non basta che dia ordini, deve trasmettere la fiamma in modo che il gruppo si appropri a sua volta del progetto. I suoi compiti sono:

- per completare l'obiettivo in conformità alle specifiche;

- formazione e gestione del team;

- monitorare il progetto su base giornaliera e adattare i piani iniziali se necessario;

- gestire l'imprevisto.

Per svolgere questi compiti, sono indispensabili alcune qualità:

- assunzione di responsabilità;
- avere spirito di iniziativa e capacità di prendere decisioni difficili;
- sapersi circondare delle persone giuste;
- gestire e motivare il vostro team;
- essere un buon comunicatore;
- essere in grado di gestire situazioni di stress;
- essere in grado di anticipare.

Se non siete leader nati, potete comunque imparare queste abilità sul lavoro:

> *"Quando ho iniziato la mia carriera 20 anni fa, non ero in grado di agire come leader e non riuscivo a trasmettere la mia passione. Peggio ancora, i miei subordinati non mi ascoltavano. Un giorno un mio amico, allenatore di calcio, mi chiese di accompagnarlo nello spogliatoio durante una partita per vedere come guidava i suoi giocatori. Non me ne sono pentito! Seguendo il suo esempio, ho imparato ad affermarmi, a scegliere le mie parole, ad alzare la voce quando è necessario o, al contrario, ad essere conciliante"* (Boris, project manager IT)

Le tre fasi della gestione del progetto

Una buona gestione del progetto si basa su tre fasi:

- **la fase di preparazione** durante la quale si pianifica lo svolgimento del progetto;

- **la fase di attuazione** è quella in cui si mette in pratica il piano;

- **la fase di chiusura**, che consente di fare un bilancio del progetto una volta completato.

Non è consigliabile iniziare un progetto senza un'adeguata preparazione. Può sembrare ovvio, ma non è raro che le persone si buttino a capofitto, pensando di risparmiare tempo. Tuttavia, non lasciatevi ingannare da questa idea preconcetta, perché se da un lato potreste perdere un po' di tempo nello sviluppo del vostro progetto, dall'altro ne guadagnerete di più nel lungo periodo.

LA PREPARAZIONE

La fase di preparazione viene spesso trascurata o tagliata. Tuttavia, questo è un errore fatale che vi porterà dritti contro il muro. Questa fase è infatti cruciale perché permette di:

- definire l'obiettivo del progetto, in linea con le esigenze dell'azienda;

- per stabilire la pianificazione;

- per definire la struttura e l'organizzazione del progetto;

- per definire il budget e i tempi di consegna;

- identificare tutti gli attori interessati e formare il team.

Definire la necessità del progetto e il suo obiettivo

Qualunque sia la situazione, che siate o meno gli iniziatori del progetto, la prima domanda da porsi è: "Quale esigenza (all'interno dell'azienda) soddisfa il progetto? La qualità del progetto è determinata dalla sua capacità di soddisfare questa esigenza.

 **CONSIGLIO**

Il vostro progetto potrebbe essere in concorrenza con altri realizzati internamente e potreste dover condividere le risorse. Pertanto, il progetto prioritario sarà quello che meglio risponde alle esigenze dell'azienda. Per questo motivo è importante che sia chiaro il motivo per cui lo si fa.

L'esigenza dell'azienda determina quindi l'obiettivo del progetto. Ad esempio, se l'azienda vuole entrare nel mercato degli smartphone, il progetto potrebbe essere quello di produrre un modello con un costo di produzione compreso tra 90 e 100 euro e con determinate tecnologie. Un progetto non deve necessariamente essere un prodotto, ma può anche assumere la forma di un servizio (allestimento di una mostra, miglioramento dell'assistenza post-vendita, ecc.) Un buon obiettivo soddisfa tre criteri:

- è preciso;

- è fattibile;

- è misurabile (deve essere possibile validarlo attraverso una valutazione).

Consiglio

Se, dopo l'analisi, vi rendete conto che il vostro progetto non soddisfa adeguatamente – o non soddisfa affatto – un'esigenza aziendale, è imperativo che lo correggiate fin dall'inizio. A volte è meglio cancellarlo che rischiare un fiasco.

Elaborazione delle specifiche

La gestione del progetto vi viene ufficialmente affidata tramite un ordine di incarico. Per formalizzare questa esigenza e assicurarsi che sia compresa da tutti i partecipanti al progetto, è necessario redigere delle specifiche. Queste specifiche, che elaborerete in dialogo con le parti interessate (il vostro cliente e la vostra direzione), specificano le caratteristiche del progetto:

- l'obiettivo e la descrizione dei risultati attesi;

- come verranno valutati questi obiettivi;

- una stima del budget e dei tempi;

- vincoli di risorse;

- una descrizione delle misure adottate per raggiungere l'obiettivo.

Il presente documento descrive pertanto il progetto in termini generali e ne fissa i limiti. È il fondamento del progetto: ne descriverete in dettaglio i contenuti nella vostra preparazione. Tutte le operazioni descritte di seguito sono state concepite per realizzarlo.

Elencare e organizzare i compiti da svolgere

Una volta che le specifiche e l'ordine di missione sono stati convalidati dal cliente e dalla vostra azienda, la prima azione è quella di elencare tutti i compiti necessari per realizzare il progetto. Questa fase vi consente, tra l'altro, di valutare le scadenze e di definire i profili di cui avrete bisogno nel vostro team. L'idea è quella di dettagliare il più possibile il progetto, suddividendolo in "deliverable".

 ## LO SAPEVATE?

Un deliverable è un risultato intermedio misurabile (prodotto, documento, ecc.) che segna il completamento di una parte del progetto, o addirittura del progetto stesso nel caso del deliverable finale. Ad esempio, le specifiche, i mock-up o le relazioni sullo stato di avanzamento sono prove di avanzamento.

Per suddividere il progetto, esistono due metodi:

- **dal generale allo specifico**. Partite dall'obiettivo finale e chiedetevi quali sono i principali risultati da raggiungere. Quindi scomponeteli allo stesso modo, chiedendovi quali intermediari sono necessari per raggiungerli, e così via. Il processo è completo quando non è più possibile suddividerli e si può stimare con precisione il tempo e le risorse necessarie per realizzare ogni deliverable. Nel caso di un progetto di grandi dimensioni, è impossibile andare fino in fondo a questa logica. Dovrete delegare parte di questo lavoro al vostro team, che sarà in grado di analizzare meglio alcuni compiti e valutarne la fattibilità;

- **dall'individuo al generale.** Fate un brainstorming di tutti i compiti che devono essere svolti, senza preoccuparvi della gerarchia. Quindi raggruppateli in categorie chiare.

Solo elencando i compiti, si inizia già a classificarli e a stabilire le priorità. La formalizzazione di questa categorizzazione sotto forma di struttura di ripartizione del lavoro (WBS) è il passo successivo.

Quando redigerete l'organigramma definitivo, probabilmente fornirete maggiori dettagli sulle risorse di cui avrete bisogno (quali attrezzature per il suono? quali attrezzature per le immagini?). Si possono definire anche altre categorie, come il budget, le ore, ecc. Assicuratevi che tutti i compiti siano elencati. Questo modo di pianificare e organizzare ogni fase del progetto è chiamato regola del 100%. Il termine deriva dalla Work

Breakdown Structure, un metodo di organizzazione dei progetti sviluppato dal Dipartimento della Difesa degli Stati Uniti alla fine degli anni Cinquanta. In parole povere, questa regola significa che la ripartizione e il diagramma di flusso devono contenere tutto il lavoro da svolgere, non di più (il che significherebbe la ridondanza di alcuni compiti) e non di meno (il che significherebbe che non tutti i compiti sono elencati).

Se, nel nostro primo esempio, abbiamo dato priorità al progetto in base alle diverse componenti dell'organizzazione di questo tipo di evento, è anche possibile raggruppare le attività per dipartimenti (aziendali), per tipo di costi o per fasi cronologiche del progetto (come di seguito), a seconda del vostro obiettivo finale.

 ## CONSIGLIO

Realizzando diversi diagrammi di flusso, svilupperete diverse visioni del progetto e quindi avrete una rappresentazione più globale.

Poiché il diagramma di flusso è visivo, può occupare rapidamente molto spazio. Ecco perché a volte è più facile utilizzare un semplice elenco scritto. Tuttavia, non dimenticate di assegnare a ogni compito un numero di codice per facilitarne l'individuazione.

1. Sicurezza
    1.1. Autorizzazione dei vigili del fuoco e della polizia
    1.2. Autorizzazione della città

1.3. Presenza della Croce Rossa

1.3.1   Possibile sottocategoria

1.3.2. Possibile sottocategoria

2. Team e volontariato

2.1. Programma di volontariato

2.2. Abbigliamento distintivo per la squadra

2.3. ecc.

3. ecc.

Analizzare le risorse del progetto

Quando iniziate a pianificare il progetto, la valutazione delle risorse a vostra disposizione e dei vincoli che dovete affrontare è un passo fondamentale. Una volta elaborata la struttura di ripartizione del lavoro, chiedetevi per ogni compito:

- Di quale profilo e quali competenze ho bisogno per raggiungere questo obiettivo?

- Di quali attrezzature ho bisogno?

- Quanto tempo dovrò dedicargli?

Queste domande vi aiuteranno a valutare il numero di persone necessarie, a trovare le persone giuste e a stimare quanto tempo saranno coinvolte nel progetto, nonché a farvi un'idea dell'attrezzatura di cui avrete bisogno.

Identificare e contrastare i rischi

Un progetto comporta sempre dei rischi, legati alla possibilità che un evento o un elemento interferisca con il suo regolare svolgimento. È quindi importante anticiparli in modo da poter reagire rapidamente se si verificano.

Supponiamo che stiate programmando una gita al mare, ma che le previsioni meteo indichino il 15% di probabilità di pioggia: avete un piano B o vi affidate invece alla vostra buona stella? Non sempre si è fortunati. Quindi chiedetevi in anticipo cosa potrebbe andare storto e poi elencate gli ostacoli più probabili per ogni compito. Descrivete anche il potenziale impatto di questi problemi sul progetto (semplice ritardo, sforamento del budget, cancellazione completa?) e pianificate una soluzione alternativa per quelli più gravi.

Infatti, poiché non potrete proteggervi da tutti i rischi, è importante classificarli in base alla loro probabilità di accadimento e al loro grado di impatto sul progetto. Considerate la possibilità di valutare le probabilità in base alla vostra esperienza personale e/o consultando esperti. Ove possibile, non esitate a utilizzare fatti e cifre. Ad esempio, un rischio con una probabilità di accadimento del 2% e un impatto basso potrebbe non valere la pena di investire tempo e denaro per affrontarlo. Al contrario, un problema critico con un'alta probabilità di verificarsi deve essere considerato con attenzione. La scelta può essere più difficile quando ci si trova di fronte a situazioni estreme, come un impatto potenzialmente grande ma con una bassa probabilità di verificarsi, oppure un alto potenziale di sviluppo ma un basso impatto.

Per preparare un piano di gestione delle crisi, registrate i rischi in una tabella e, per ogni rischio, immaginate una o più soluzioni di emergenza e valutatene il costo (finanziario, umano e di tempo). Naturalmente, se i rischi sono troppo elevati e non possono essere mitigati, è possibile che dobbiate ripensare all'intero progetto.

 ## Piccolo plus

Se non potete eliminare o ridurre il rischio, potete sempre stipulare un'assicurazione per coprirlo.

Pianificazione del progetto

Quando si stabilisce la propria tabella di marcia, si vuole naturalmente raggiungere l'obiettivo il più rapidamente possibile... riducendo al minimo i rischi. Tuttavia, non affrettate il processo. Prima di redigere il programma generale, è necessario:

- determinare la durata di ciascun compito;

- osservare come interagiscono tra loro;

- decidere l'ordine di esecuzione.

Per stimare il tempo di un compito, descriverlo con precisione e identificare i fattori che possono influenzarlo. Ad esempio, se avete bisogno di una macchina per svolgere il compito, questa potrebbe avere una certa capacità produttiva e non essere sempre disponibile. Inoltre, mentre alcuni compiti possono essere svolti contemporaneamente, altri sono subordinati all'esecuzione di azioni. È necessario capire come interagiscono per ottimizzare la loro disposizione.

Per visualizzare al meglio l'ordine delle attività e i collegamenti tra di esse, è possibile utilizzare un diagramma di rete. Per esempio, supponiamo che vogliate organizzare un seminario per il personale della vostra azienda. Una volta che l'idea è stata approvata dalla direzione, è necessario effettuare i preparativi per l'evento:

- prendere contatti preliminari per assicurarsi che tutti siano disponibili;

- contattare i potenziali interessati per verificare la loro disponibilità;

- selezionare una data (in base ai risultati dei primi due compiti);

- prenotare la stanza (nel nostro esempio, avete la stanza necessaria nei vostri edifici);

- preparare l'organizzazione della giornata da:

  - definire il contenuto esatto con il relatore;

  - che illustra il programma della giornata;

  - prevedere eventuali pasti;

  - ordinare i materiali necessari;

  - inviare inviti ufficiali alle persone interessate;

○ allestire la sala (nel nostro esempio, è possibile farlo diversi giorni prima del giorno dell'evento, dato che si trova all'interno dell'azienda).

Di seguito, l'esempio è mostrato come diagramma di rete. Naturalmente, se dovete organizzare un seminario per la vostra azienda, i tempi possono variare a seconda dei vincoli (nel nostro caso, il responsabile del progetto stima di aver bisogno di una settimana per ottenere una risposta da tutti i suoi collaboratori sulla loro disponibilità), nonché dei potenziali compiti e della loro disposizione. In questo caso, il project manager ha la fortuna di avere un assistente che lo aiuta in alcune azioni che non possono essere svolte contemporaneamente.

Questo diagramma evidenzia diversi aspetti importanti della pianificazione del progetto:

- alcuni compiti sono condizionati al completamento di altri. Pertanto, finché non si è ricevuta la disponibilità di tutti, è impossibile prenotare una camera (al massimo si può mettere un'opzione);

- altri compiti possono e devono essere svolti in parallelo. Affidandosi all'assistente, il project manager può delegare all'assistente la pianificazione della giornata e degli ordini, mentre si concentra sui contenuti da sviluppare con il relatore;

- è essenziale identificare il percorso critico, ossia la sequenza più lunga di attività da completare tra l'inizio e la fine del progetto, che segna la durata minima del progetto. Segue quindi i cosiddetti compiti critici:

qualsiasi ritardo su questi ultimi si ripercuoterà necessariamente sulle scadenze. Nel nostro caso, non possiamo scendere sotto le 22 ore (se contiamo solo la durata dei compiti stessi) e sotto le tre settimane (se teniamo conto delle scadenze obbligatorie: l'invito ufficiale, ad esempio, deve essere inviato due settimane prima dell'evento);

- la quantità di tempo disponibile per determinate attività, che si riferisce alla quantità di tempo in cui la loro data di fine può essere spostata senza ritardare la data di inizio dell'attività successiva o la data di fine del progetto. Ad esempio, il responsabile del progetto avrà bisogno di 12 ore per lavorare sui contenuti del seminario, mentre l'assistente avrà bisogno solo di 7 ore (pianificazione della giornata e ordinazione dei pasti). Quest'ultimo ha quindi un margine di 5 ore;

- le pietre miliari sono eventi che non hanno necessariamente una durata in sé (anche se nel nostro esempio una di esse ce l'ha). Segnano la fine di fasi importanti del progetto.

Per completare la pianificazione, è necessario stabilire le scadenze, ossia le date di inizio e fine di ogni attività. Per farlo, si può utilizzare un diagramma di Gantt, che elenca le attività, la loro durata, i loro margini e la loro disposizione.

Costruire una squadra forte

Grazie al diagramma di flusso dei compiti redatto in precedenza, siete stati in grado di determinare le competenze necessarie per realizzare il vostro progetto. Quando si tratta di formare la squadra, ci sono due scenari possibili: o siete liberi di reclutare chi volete, o dovete accontentarvi delle persone che avete a disposizione.

Il primo è l'ideale, perché vi permette di trovare i profili giusti e le persone motivate, mentre il secondo potrebbe portarvi a lavorare con persone che non hanno alcun interesse per il progetto. In realtà, probabilmente vi troverete tra queste due situazioni.

In ogni caso, prendetevi il tempo necessario per incontrare e discutere i vostri futuri membri del team. Verificate le loro competenze e la loro motivazione per vedere se si adattano al vostro progetto. Se siete soddisfatti, chiedete loro la disponibilità: lavoreranno a tempo pieno sul vostro progetto o condivideranno il loro tempo con altre missioni? Da quale data e fino a quando sono disponibili?

 ## IDENTIFICARE LE PARTI INTERESSATE

È essenziale identificare fin dall'inizio le diverse persone che hanno un ruolo da svolgere. Oltre al progettista e allo sponsor del progetto, identificate tutte le parti interessate, sia positive che negative, sia interne che esterne: il cliente, i potenziali fornitori, i partner, ecc. Assicuratevi che siano di supporto e informati sui progressi del piano.

Definizione del budget del progetto

Fare il budget significa stimare tutti i costi di ogni attività e sommarli. Naturalmente, si pensa prima di tutto ai costi diretti, come:

- la retribuzione dei dipendenti;

- costi (di trasporto, alloggio, affitto, ecc.);

- l'acquisto di materiali (materie prime per la produzione di componenti, tecnologia, ecc.).

Ma se volete stimare il costo reale del vostro progetto, dovrete tenere conto anche di alcuni costi indiretti come:

- l'usura delle apparecchiature utilizzate in azienda (computer);

- costi di riscaldamento, elettricità, ecc.

Tuttavia, non sempre è necessario considerare questi costi, di solito perché non sono specifici per il vostro progetto: la vostra azienda probabilmente possiede già i computer su cui state lavorando. Contattate l'ufficio finanziario della vostra azienda per sapere se questi costi devono essere inclusi nel vostro budget.

LA REALIZZAZIONE

Monitoraggio del piano

Se avete preparato bene il vostro progetto, la vostra priorità ora è assicurarvi che tutto proceda secondo i piani. A tal fine, valutate periodicamente il vostro progetto utilizzando:

- incontri di valutazione periodici (al massimo ogni due settimane) per fare il punto della situazione;

- rapporti scritti dai membri del vostro team;

- il vostro registro personale.

 **PICCOLO PLUS**

Chiedete ai membri del vostro team di tenere un registro comune in cui registrare le azioni intraprese, le date e le ore di lavoro. Questo documento sarà molto utile per il follow-up regolare e la valutazione finale.

Inoltre, ogni settimana fate un rapido check-up di voi stessi ponendovi alcune domande chiave e regolandovi in base alle vostre risposte.

- Le varie attività previste vengono realizzate?

- Il budget è rispettato?

- Siete in orario, in anticipo o in ritardo?

- E i rischi che temevate?

Assicuratevi che ognuno conosca i dettagli del proprio compito e che venga svolto secondo i piani. Prestate particolare attenzione quando si avvicina la fine (prevista) di un'attività e siate particolarmente vigili sul vostro percorso critico: ricordate che ogni ritardo su di esso ritarda inevitabilmente l'intero progetto!

Dopo questa analisi, o tutto procede secondo i piani – e in tal caso si continua come prima – o si osservano sbandamenti o addirittura incidenti, nel qual caso è necessario rimettere il progetto in carreggiata.

- Individuare il problema: cosa ha causato il superamento del budget o della scadenza? Cosa vi ha costretto ad abbandonare o sostituire un compito?

- Intervenire per rimediare: l'obiettivo immediato è quello di evitare ulteriori danni al progetto. Tuttavia, non è sempre possibile riparare il danno. Se il vostro fornitore è in ritardo nella consegna dei pezzi necessari e questo rientra nel vostro percorso critico, non potete farci nulla.

- Assicuratevi che non si ripeta, intervenendo in base alla natura del problema. Se si tratta di un problema isolato (una svista, un errore di disattenzione, ecc.), cercate di capire perché si è verificato (problema tecnico o errore umano) e prendete le misure necessarie (contattate la persona interessata, cambiate l'apparecchiatura, ecc.) Se si tratta di un problema cronico (un problema nel processo), prendetevi il tempo necessario per analizzarlo ed elaborare una soluzione sostenibile con il vostro team.

Attenzione, se volete apportare una correzione o una modifica al progetto, informate tutti i vostri collaboratori e, soprattutto, consultateli prima, in modo che continuino a sentirsi coinvolti!

Gestione del team

La gestione del team è fondamentale per il successo del progetto. Una scarsa comprensione o coordinamento all'interno del team può compromettere il completamento dei vari compiti. Pertanto, assicuratevi di:

- guidare il team verso il completamento del progetto. Come il capitano di una nave, mantenete la rotta contro ogni previsione. In caso di tempesta, il vostro equipaggio deve poter contare su di voi;

- creare e mantenere una buona atmosfera di lavoro. Potete ridurre al minimo il rischio di tensioni all'interno del team praticando il team building (parallelamente alle riunioni di lavoro, organizzate una o più piccole attività per i vostri collaboratori per conoscersi e lavorare insieme) e assicurando che i ruoli e le responsabilità di ciascuno siano chiaramente definiti e noti a tutti;

"Ho lavorato a un grande progetto culturale, che consisteva nella realizzazione di produzioni all'aperto. In questo progetto, le funzioni e i compiti di ciascuno non sono stati definiti con precisione. Per esempio, ero responsabile della logistica generale, ma dovevo regolarmente cercare alcuni elementi della decorazione

(questo è normalmente il ruolo del capo decoratore). Un sabato sera abbiamo scoperto di non avere i cavalletti per la scena del mattino successivo. Io e lo scenografo pensavamo che se ne fosse occupato l'altro..." (Louis, project manager) (Louis, project manager)

- definite le "regole di vita" per il vostro team. Come funzionerà quotidianamente? Come si svolgeranno le riunioni? Definite un quadro di riferimento e, se possibile, coinvolgete il vostro team nella definizione delle procedure;

"Durante i miei studi, ho partecipato all'organizzazione di un festival del cinema documentario con altri giovani. Qualcuno ci stava supervisionando e ci ha suggerito di scrivere una carta insieme. Riassumeva i nostri impegni e definiva il modo in cui dovevamo comportarci durante le riunioni. Il coinvolgimento nella sua stesura ci ha permesso di rispettarla più di una regola imposta da terzi". (Pierre, responsabile eventi)

- fidatevi di loro e incoraggiateli a fidarsi di voi;

- mantenere la loro motivazione. È un ritornello familiare: le prime settimane si ha la sensazione di poter sollevare le montagne, ma poi, anche se la passione rimane, subentra la routine e l'intensità diminuisce.

◉ Piccolo plus

Per mantenere intatto l'entusiasmo della squadra:

. sottolineare regolarmente gli aspetti positivi del progetto sia per l'azienda che per il gruppo;

. comunicare regolarmente al team i progressi del progetto. Siamo sempre più motivati quando vediamo i risultati concreti delle nostre azioni;

. Coinvolgeteli chiedendo la loro opinione su rischi, idee, soluzioni, ecc;

. Premiate i dipendenti che raggiungono un obiettivo.

Uno strumento essenziale: la comunicazione

Se è ovvio che dovete sempre avere un quadro chiaro della situazione, lo stesso deve fare il vostro team. È quindi necessario creare un sistema di comunicazione efficace all'interno del gruppo e rendere disponibile la documentazione (rapporti, ecc.) in modo che ogni stakeholder sappia come sta procedendo il progetto.

Il modo di comunicare dipende principalmente dallo scopo della trasmissione e dal destinatario. Questi due aspetti determinano la scelta del mezzo di comunicazione e il tipo di informazioni inviate, nonché la loro riservatezza: se un fornitore deve essere informato del minimo cambiamento che riguarda il suo lavoro, non ha bisogno di conoscere i vostri problemi interni. Scegliete il mezzo di comunicazione in base alla situazione:

- **le riunioni** sono un modo per riunire tutte le persone coinvolte e discutere insieme intorno a un tavolo (che può essere virtuale, nel caso delle videoconferenze). Non trascurate il verbale scritto della riunione, che formalizza ciò che è stato detto o deciso;

- **la posta elettronica è** oggi il mezzo di comunicazione più utilizzato, grazie alla trasmissione e alla ricezione istantanea dei messaggi. Inoltre, lasciano una traccia cartacea e possono essere gestiti in modo efficiente con l'aiuto delle caselle di posta elettronica;

- **i rapporti** vengono utilizzati per confermare le informazioni e fornire un aggiornamento su una situazione specifica. Il loro principale svantaggio è che sono unilaterali. La comunicazione passa dal giornalista al lettore, senza che quest'ultimo possa intervenire. Per questo motivo è utile accompagnarlo con una spiegazione verbale (riunione, discussione, ecc.);

- **le discussioni informali** sono scambi spontanei di informazioni (al telefono, alla macchinetta del caffè, ecc.). Dovete fare attenzione a confermare sempre le informazioni importanti per iscritto e in modo formale (ad esempio via e-mail).

> *"Per tornare al progetto di creare ambienti esterni, molte delle informazioni e dei cambiamenti sono stati forniti in riunioni informali in cui non tutti i leader erano presenti. Inoltre, ciò che è stato detto non è sempre stato incluso nella documentazione online e il project*

> *manager non si è assicurato che le informazioni fossero state ricevute. Di conseguenza, a volte un sostituto non è venuto a conoscenza di modifiche importanti se non in una fase avanzata del processo. (Segue dalla testimonianza di Louis)*

Quando scegliete di comunicare, valutate i vantaggi e gli svantaggi della comunicazione orale e scritta. La comunicazione orale permette di essere sicuri che il messaggio sia stato trasmesso immediatamente, a differenza della comunicazione scritta. Tuttavia, come disse Caio Tito (scrittore romano, 14-66) in un discorso al Senato: "Le parole volano, gli scritti restano. Pertanto, è necessario tenere sempre un registro scritto delle discussioni e degli incontri informali.

LA RECINZIONE

La consegna

Il progetto si conclude quando il prodotto finale viene consegnato al cliente, in conformità alle specifiche concordate. Assicuratevi di ricevere una conferma ufficiale scritta di questa consegna. Da parte vostra, dovete ancora completare la parte amministrativa (verbali, ecc.) e chiudere il bilancio. Questi due aspetti segneranno la fine ufficiale del progetto. Una volta terminato il progetto, spesso si è tentati di stappare lo champagne senza soffermarsi sulla parte più noiosa: le analisi e le valutazioni finali. Tuttavia, ne trarrete vantaggio per le vostre prossime sfide!

La valutazione finale

L'obiettivo di questa fase è redigere un bilancio dell'intero progetto. A tal fine, utilizzate tutti i vostri documenti:

- quelli della fase preparatoria (pianificazione, calendario, ecc.), che vi permetteranno di confrontare il risultato finale con le aspettative di base;

- quelli della fase di implementazione (il vostro diario di bordo, le valutazioni periodiche, i rapporti, ecc.), che vi aiuteranno a capire perché il progetto è andato bene... oppure no;

- feedback del cliente.

Sulla base di questa prova scritta, ponetevi le seguenti domande:

- Sono stati raggiunti tutti gli obiettivi?

- Il programma è stato rispettato?

- Il bilancio è rimasto sotto controllo?

- Come ho guidato il mio team?

- Come sono stati gestiti gli imprevisti e i problemi?

Effettuate l'analisi e poi tenete delle riunioni (finali) per discuterne.

- Incontrare il cliente per discutere della sua soddisfazione. Chiedete anche un feedback scritto.

- Organizzate una riunione con il vostro team per rivedere e chiudere il progetto.

- Riferite la vostra analisi alla direzione.

Come per tutto il progetto, assicuratevi che i vostri risultati siano convalidati da tutte le parti coinvolte.

 ## CONSIGLI PRATICI

Date al vostro team il tempo di respirare prima della valutazione, ma non più di due settimane! Dopodiché, potrebbero passare oltre e dimenticare molte informazioni utili per l'utente.

Per concludere in bellezza...

Organizzate un momento di festa per ringraziare il vostro team e concludere l'avventura con una nota positiva. Non dimenticate di invitare le persone che sono state lì solo per poco tempo. Pianificate un modo alternativo di ringraziare se non è possibile organizzare una festa o se alcune persone non possono partecipare. Non c'è bisogno di essere complicati: un'e-mail può essere sufficiente, ma metteteci cuore e anima. Il vostro team merita qualche momento del vostro tempo!

I MIGLIORI CONSIGLI

- **Tenete sempre in vista l'obiettivo finale.** Può sembrare ovvio, ma nel bel mezzo di un progetto che dura diversi mesi, coinvolge decine di persone e innumerevoli sotto-obiettivi, non è raro perdersi. Inoltre, non dimenticate mai che il cliente è il re: se gli sponsor vogliono apportare modifiche al progetto, è vostro dovere ascoltarli!

- **Prendetevi il tempo necessario per rompere gli indugi.** Se vi trovate di fronte a una situazione o a un problema complesso, mantenete il sangue freddo e cercate di andare a fondo della questione. A tal fine, scomponete la situazione o il problema e affrontate le diverse parti una per una.

- **Non è necessario reinventare la ruota per ogni progetto.** Attingete alle vostre esperienze precedenti e a quelle degli altri. Consultate colleghi ed esperti e prendete nota dei loro consigli. Attenzione, questo non significa che si possa fare a meno della fase di preparazione. "L'ho fatto una volta, quindi lo so" è il peggior errore che si possa fare!

- **Anticipare!** Stare un passo avanti è il segno distintivo dei grandi project manager. Se non è possibile evitare l'imprevisto, è possibile anticipare i problemi e preparare delle alternative. Se non siete riusciti ad anticiparli, affrontate le difficoltà non appena si presentano e, soprattutto, identificatene la causa per evitare che si ripetano.

- È tutta una questione di comunicazione. Un progetto ben preparato può andare in fumo se un cambiamento non è stato comunicato alla persona giusta. Ricordate questa regola d'oro: qualsiasi cambiamento deve essere consultato con le persone coinvolte. Per le modifiche più importanti è naturalmente necessaria l'approvazione del cliente.

- **Essere sempre al corrente dello stato di avanzamento del progetto**, delle attività già svolte, di ciò che resta da fare e dello stato del budget. A tal fine, fate un bilancio ogni settimana e annotate le aree problematiche: il vostro primo compito la settimana successiva sarà quello di risolverle!

- **Padroneggiare gli strumenti del project manager.** Nei progetti professionali delle aziende è inevitabile l'utilizzo di un software di gestione dei progetti, come Microsoft Project. Imparate a padroneggiarlo a portata di mano, perché vi farà risparmiare tempo prezioso. Anche per un piccolo progetto, non esitate a fare il grande passo.

👁 PICCOLO PLUS

Esistono diversi tipi di software di gestione dei progetti. La scelta deve essere guidata dalle funzionalità necessarie, dalle dimensioni dell'azienda, dalla frequenza di utilizzo e dal budget a disposizione. Come per ogni tipo di software, esistono licenze proprietarie e prodotti gratuiti. Quando scegliete il vostro software, tenete conto anche dei futuri utenti (i vostri dipendenti): non ha senso optare per una macchina da guerra se non sanno come usarla!

- AtTask (licenza proprietaria) è uno dei pacchetti software più completi. È generalmente destinato alle grandi aziende.
- Basecamp (licenza proprietaria) è un software semplice e molto popolare. In particolare, è possibile dialogare con le varie persone coinvolte nel progetto.
- Collabtive (open source) è un'alternativa gratuita a Basecamp. Si rivolge alle PMI.
- Ganttproject (open source) è un programma di base che consente di gestire i progetti sulla base di un diagramma di Gantt. È facile da usare, ma piuttosto limitato.
- Trello è un software recente che sta iniziando a ricevere molta attenzione. I progetti sono organizzati in schede, ognuna delle quali rappresenta un compito. È disponibile in versione gratuita e a pagamento.
- Wrike è un software molto potente che è diventato uno dei leader del mercato. Offre agli utenti la possibilità di gestire e tenere traccia di progetti, scadenze e programmi, tra le altre cose. È disponibile sia in versione gratuita che a pagamento.

- **Organizzare una "riunione di transizione"** per passare dalla fase di preparazione a quella di attuazione. Riassumerete l'intero processo del progetto e vi assicurerete che sia chiaro a tutti.

- **Delegato.** Il project manager ha il ruolo di conduttore. Fidatevi del vostro personale e coinvolgetelo il più possibile nel progetto, in modo da aumentarne la motivazione e l'efficienza. Inoltre, non si può essere presenti su tutti i fronti, con il rischio di commettere errori.

FAQ

IL PROJECT MANAGER HA ANCORA LE STESSE RESPONSABILITÀ?

No, il ruolo del project manager può variare da caso a caso e da azienda ad azienda. Prima di intraprendere un progetto, è consigliabile definire con precisione l'ordine dei compiti e metterlo per iscritto per evitare qualsiasi ambiguità. Prestate particolare attenzione alle vostre responsabilità in materia di:

- gli obiettivi da raggiungere;

- budgeting;

- gestione della pianificazione;

- le libertà che avrete nel reclutare il vostro team (interno-esterno all'azienda o misto);

- i limiti del vostro potere, cioè da chi dipenderete.

QUANTO TEMPO DEVO DEDICARE ALLE FASI DI PREPARAZIONE, IMPLEMENTAZIONE E CHIUSURA?

Prevedere 2/3 per la fase di implementazione e 1/3 per le fasi di preparazione e chiusura. Un terzo può sembrare molto, ma ricordate che i giorni dedicati a queste due fasi, soprattutto alla parte preliminare, sono un investimento a lungo termine!

E SE I REQUISITI FINANZIARI O LE SCADENZE SONO TROPPO RESTRITTIVI?

Qualsiasi progetto può essere riassunto come un triangolo, le cui tre estremità sono i costi, i tempi e la qualità. Nel paradiso dei project manager, avrete mano libera sul budget e sulla scadenza per ottenere la migliore qualità.

In realtà, dovrete affrontare dei vincoli e privilegiare uno o due punti del triangolo. Supponiamo che vi sia stato assegnato un budget troppo limitato. Dopo aver esaminato tutte le possibili soluzioni, potrebbe non esservi altra scelta che ridurre le dimensioni del vostro team (con conseguente aumento dei tempi di consegna). Se non riuscite a rispettare una certa scadenza, dovrete ridurre i vostri obiettivi. Se vi trovate in questa situazione, informate i vostri superiori, sostenete la soluzione che ritenete giusta e accettate la decisione finale. Se ritenete che il progetto non abbia senso, potete anche rifiutare il lavoro; una scelta altrettanto difficile.

È POSSIBILE GESTIRE PIÙ PROGETTI CONTEMPORANEAMENTE?

In teoria, è meglio lavorare su un progetto alla volta, ma in pratica è spesso diverso. In primo luogo, non è detto che abbiate scelta: potreste dovervi destreggiare tra più progetti per motivi di budget, organizzativi o altro. In secondo luogo, alcuni progetti sono a lungo termine e possono avere fasi più tranquille, durante le quali si ha tempo libero. In ogni caso, la cosa più importante se si gestiscono diversi progetti è definire le priorità tra di essi e al loro interno.

COSA SUCCEDE SE DEVO SOSTITUIRE UN PROJECT MANAGER CON POCO PREAVVISO?

Può capitare di essere chiamati a sostituire qualcuno con urgenza. Di solito c'è un piano di emergenza per far fronte a questa situazione: il successore è di solito un assistente del precedente project manager o un "pezzo grosso", qualcuno con esperienza nella gestione di altri grandi progetti.

Se non avete avuto a che fare con il progetto, dovrete ovviamente consultare tutti i documenti disponibili, a partire da quelli della fase di preparazione. Dovrete quindi organizzare una grande riunione con tutti i vice-direttori (o anche con tutti i membri del team) per pre-sentarvi, definire le eventuali nuove procedure e, soprattutto, ascoltare il resoconto di ogni reparto.

COME DELEGARE IL LAVORO?

Essere un buon project manager significa saper dele-gare alcuni compiti ai colleghi, in modo da potersi con-centrare sull'essenziale. Per delegare bene, definite chiaramente i poteri che state conferendo (li autoriz-zate ad approvare gli ordini? Se sì, fino a quale budget?) e siate chiari nella definizione della missione e delle scadenze da rispettare. Infine, responsabilizzate la persona a cui state delegando: spiegatele che vi fidate di lei, ma che in cambio vi aspettate un impegno totale. Comunicate regolarmente con loro per assicurarvi che tutto vada bene.

PER ANDARE OLTRE

FONTI BIBLIOGRAFICHE

BRUCE (Andy) e LANGDON (Ken), *Sviluppo di un progetto. 101 consigli e suggerimenti*, Parigi, Éditions Mango, 2001.

DAVIDSON (Jeff), *Devi gestire un progetto?* Parigi, Village Mondial, 2001.

MULLER (Jean-Louis G.), *Management de projet*, Parigi, AFNOR, 2005.

PORTNY (Stanley E.) e SAGE (Sandrine), *La gestion de projet pour les nuls*, Paris, Éditions First, 2011.

VALLET (Gilles), *Réussir son management de projet*, Paris, Dunod, 2012.

FONTI AGGIUNTIVE

BONNIN (Patrick) e BOUZDINE-CHAMEEVA (Tatiana), *Gérer un projet efficacement. I 7 esercizi senza difficoltà!* Parigi, AFNOR, 2012.

BUTTRIC (Robert) e CHANSON (Guillaume), *Gestione dei progetti. Le guide exhaustif du management de projets*, 5e edizione, Parigi, Pearson, 2015.

CAMBIE (Françoise), IMPE (Marc), Luna (Éric) e MARLIER (Étienne), *Construire... et gérer son projet*, Bruxelles, STICS, 2007.

CAYATTE (Ramez), *Bâtir une équipe performante et motivée*, Paris, Eyrolles-Éditions d'Organisation, 2007.

Drecq (Vincent), *Pratiques de management de projet. 40 strumenti e tecniche per prendere la decisione giusta*, Parigi, Dunod, 2014.

Garel (Gilles), *Le management de projet*, Paris, La Découverte, 2011.

Gray (Clifford F.) e Larson (Erik W.), *Management de projet*, Parigi, Dunod, 2014.

Project Management Body of Knowledge Guide, (Guida al PMBOK), 5e edizione, Project Management Institute, Newton, USA, 2013.

Hochet (Xavier), *Trasformare l'impresa. De la décision à l'action*, Paris, Odile Jacob, 2008.

Mesnards (Paul-Hubert des), *Réussir l'analyse des besoins*, Paris, Eyrolles-Éditions d'Organisation, 2007.

Néré (Jean-Jacques), *Comment manager un projet?* Parigi, Éditions Démos, 2012.

Noce (Tony) con la collaborazione di Paradowski (Patrick) e Maccio (Charles), *Animer, financer et communiquer votre projet*, Lyon, Chronique sociale, 2004.

Noce (Tony) e Paradowski (Patrick), *Élaborer un projet. Guide stratégique*, Lione, Chronique sociale, 2005.

Roy (Etienne) e Vernerey (Guy), *La conduite de projets complexes*, Paris, Éditions Maxima, 2010.

Sevin (Xavier), *De la gestion de portefeuille de projets à la gestion de projets. Du décisionnel à l'opérationnel*, Nantes, Éditions ENI, 2015.

Sotiaux (Yves), *Management d'équipe projet. Le chef de projet, un manager*, Le Mans, Gereso Éditions, 2008.

Vogliamo sapere da voi!
Lasciate un commento sulla vostra biblioteca online
e condividete i vostri libri preferiti sui social media!

IMPROVE YOUR GENERAL KNOWLEDGE
IN THE BLINK OF AN EYE!

www.50minutes.com

L'editore garantisce l'affidabilità delle informazioni pubblicate, che non possono tuttavia impegnare la sua responsabilità.

Master ISBN: 9782808608190
ISBN cartaceo: 9782808609401
Deposito legale: D/2023/12603/125

Design digitale: Primento,
il partner digitale degli editori.